Plädoyer gegen den Wolf

Hildegard Behrens

Plädoyer gegen den Wolf

im Lebensraum des Menschen

Hildegard Behrens

Bibliografische Information der Deutschen Nationalbibliothek:
Die Deutsche Nationalbibliothek verzeichnet diese Publikation
in der Deutschen Nationalbibliografie; detaillierte bibliografische
Daten sind im Internet über http://dnb.dnb.de abrufbar.

Erscheinungsjahr: 2018, 1. Auflage

Erscheinungsort: Dresden

Text und Layout: www.schreibservice-dresden.de

Herstellung und Verlag: BoD, Books on Demand, Norderstedt

Bildquelle Titelbild: Meyers Lexikon, 1897 Bd. 14, Raubtiere, 5. Auflage.
                                      Bibliographisches Institut Leipzig – Wien 1897

ISBN: 978-3-7528-2619-7

Ein Plädoyer gegen den Wolf (Canis lupus) im Lebensraum des Menschen

Wie jeder gebildete Naturwissenschaftler es sich von vornherein ausrechnen konnte, ist die Inschutznahme der Wölfe, die nach ihrem Auftreten in der Lausitz seit 2002, sich über ganz Deutschland ausbreiten, regelrecht zur Katastrophe geworden. Aus Pressemitteilungen, die natürlich bei weitem nicht alle Vorfälle erfassen, haben wir bereits eine Vorstellung von den ungeheuerlichen Schäden und Einschränkungen, von denen nicht nur, aber vor allem, Landwirte und Jäger betroffen sind, bekommen. Das hohe Gut, jederzeit den Wald unbesorgt betreten zu können, ist dahin.

Die kleinen Leute hatten ein schönes Zubrot durch die völlig problemlose Haltung eines oder mehrerer Schafe nahe ihrer Behausung. Jetzt locken sie damit die Wölfe in ihre Nähe und oft mussten die Kinder morgens die schrecklich zugerichteten Kadaver anschauen. Die Haltung ist eingestellt worden.

Was die hohe Schädlichkeit des Wolfes ausmacht, ist sein Vorgehen, dass er nicht nur reißt, was er zum Sattwerden braucht, sondern alle Weide- und Rudeltiere, die er in seinem "Blutrausch" zu töten vermag. Wölfe reißen, abgesehen von den

Schafen, nun schon Kälber und wertvolle Fohlen; Haushunde und Katzen sowieso.

<u>Für die Jagdpächter ist der Wolf ruinös!</u> In den durchgängig nicht autochthonen (also angepflanzten) Wäldern Mitteldeutschlands gibt es wenig dichtes Unterholz, was vor allem dem Rotwildnachwuchs Schutz bieten würde. In den lichten Wäldern ist dieser den Wölfen voll ausgeliefert.

<u>Sie treten kaum als Sanierer auf,</u> sondern sie bevorzugen das, was auch wir am liebsten essen, sich aber kaum ein Mensch leisten kann, das zarte junge Rotwild. Ein Pächter berichtete schon 2004 in Rietschen, dass eines seiner Hirschrudel keine Kälber mehr führe. Das Mufflonwild ist schon seit Jahren dort völlig ausgerottet worden. Das alte Wildschwein meidet der Wolf. Nach 2004 stieg in der Lausitz die Anzahl der Verkehrsunfälle deutlich an. Eine diesbezügliche Erhebung steht in anderen Gebieten, in denen der Wolf später wieder heimisch wurde, aus.
Das von den Wölfen gehetzte Wild stürzt sich – ohne Besinnung – natürlich auch auf viel befahrene Straßen.

Flächendeckend begrüßten neben Politikern auch die Medien die Rückkehr der Wölfe, so zum Beispiel u. v. a. – mit dem Film

"Mythos Wolf", Angst vorm bösen Wolf, produziert von "mdr" und "arte", gesendet am 14.05.2015 um 11:20 Uhr im "mdr".
Er hat seine Daseinsberechtigung nur durch die Aussage des darin zitierten klugen Falkners: <u>"Wölfe gehören nicht nach Deutschland"</u>.

Es fällt auf: Alles, was Deutschland und den Deutschen schadet, wird von <u>Politik und Medien befürwortet, gefördert und als Erfolg gefeiert,</u> so auch das Wiedervorhandensein des Wolfes. Die Macht dieser beruht darauf, dass sie die Gehirne derjenigen Menschen waschen, die mit weniger Verstand ausgestattet sind oder keine Lust dazu haben, selbst Recherchen anzustellen, ob das ihnen Eingetrichterte wirklich stimmt; oder sie fürchten, bei einer anderen Meinungsäußerung Nachteile zu erleiden.

Die zweite Gruppe sind <u>die Profiteure</u>, die die einschlägigen Projekte zur Schädigung der Bürger betreiben, <u>das Wolfsmanagement</u> und die clever-spannend gemachte <u>"Touristik ins Wolfsgebiet"</u>.
Bei Gruselnachtwanderungen wird gar kein Wolf gesehen.
Sogar Kindern wird in verantwortungsloser Weise eingehämmert: Der Wolf tut ihnen nichts und die Welpen sind ja sooo süß!

Ihnen wurde sogar ein Spottlied gelehrt, das sich gegen den Jäger Bachmann aus Bärwalde, der sich als erster gegen die

Wölfe einsetzte und richtigerweise auch darin Gefahr für Kinder sah: Der Refrain lautet: "Der Jäger Bachmann ist ja nur ein Lachmann".

Die dritte Gruppe der Wolfsbefürworter besteht aus emotional hochgeladenen, in Nostalgie schwelgenden "Gutmenschen"[1], mit Gerechtigkeitssinn – für die Wölfe, nicht etwa für die im Wolfsgebiet vielfach betroffenen Menschen (Ängste, Schäden, hochgradig verminderte Lebensqualität) und den bestialisch zerrissenen Nutztieren; zunehmend auch Hunden und Katzen.

Ihre Einfältigkeit gipfelt darin, dass man den Wölfen für die angetane Ausrottung Wiedergutmachung leisten müsse, sie also zu Recht, unter strengsten Naturschutz zu stellen habe.

Wie krank ist das? Verschwiegen wird, dass zu allen Zeiten der Wolf das von den Menschen meist gehasste Tier war – weil es ganze Familien in alten Zeiten dem Verhungern preisgab.

Nach 6 Generationen ohne Wölfe ist seine Schädlichkeit und Gefährlichkeit aus dem Volksgedächtnis verschwunden.

Wenn sich nur ein Wolf am Rande eines Dorfes zeigte, waren alle Männer aufgerufen, diesen zu erlegen.

---

[1] Darunter sind auch die, die als α-Wölfe unbestritten positive Erfahrungen gemacht haben, aber nicht wissen, wohin mit den zahlreichen Welpen, die sich im Wolfsland gut unerkannt aussetzen lassen.

Am Tegernsee riss nur <u>ein</u> Wolf, dem man vor 100 Jahren nicht habhaft werden konnte, in seinem langen Leben 1 000 Schafe. Das Argument der Naturschützer, der Wolf habe <u>schon immer</u> zu unserer Natur gehört, muss ergänzt werden: <u>Auch schon immer</u> waren die Menschen bestrebt, diesem Verhängnis entgegenzutreten, was ihnen erst vor ca. 150 Jahren mit der Erlegung des letzten Wolfes gelang.

Was haben wir von einem Tier, das man nur dann zu Gesicht bekommt, wenn es gefährlich wird und die zerrissenen Kadaver der Schafe hinterlässt, wenn es nur ein paar Spinner glücklich macht, die sich bei Wolfsgeheul gruseln können??

Das wirft doch wohl die Frage auf: <u>Warum tun wir uns das an?</u> Warum fragen wir uns nicht, weshalb unsere Altvorderen, die auch keine Tierhasser waren, frenetisch die Erlegung des letzten Wolfes in ihren Gebieten bejubelten und mit Denkmalen bedachten, nämlich weil eben <u>die absolute Unverträglichkeit des Zusammenlebens von Mensch mit Wolf eine unverrückbare Tatsache ist!</u> Noch nie wurden in der Geschichte der Menschheit Wölfe geschützt. Flächendeckend wurden Abschussprämien ausgesetzt.

Was ist das für ein Wahnsinn, dass unsere Weidetiere jetzt eingesperrt, von Pyrenäen-Hunden geschützt werden müssen, was auch keine Sicherheit bringt?

Laut "Brehm" wurden Weidetiere in Rußland nachts mit bis 5 m hohen Dornenhecken vor hungrigen Wölfen geschützt! Wölfe werden dort sogar mit Hubschraubern gejagt.
Wo der Wolf sich wohlfühlt und nicht mit der gleichen Konsequenz wie vor 200 Jahren gejagt wird, kann der Mensch nicht mehr in seiner Natur und Kultur leben. Gesunde Fleischprodukte verteuern sich extrem.
<u>Noch geht der Mensch</u> und alle seine Bedürfnisse auf wertvolle Nahrung, Sicherheit und Lebensqualität gegenüber einem sogenannten "Naturschutz" <u>vor</u>. So <u>hat</u> auch dieser selbst, <u>als Teil der Natur, Anspruch auf Schutz seines Lebens und seiner ihn glücklich machenden Lebensumstände.</u> Wölfe werden mit Edelfleisch versorgt. Viele unserer Kinder wachsen mit Nudeln und Ketchup auf ("Bild" vom 28.04.2018).

Alle Wolfslobbyisten, die sich von der "pro-Wolf"-Kampagne haben einnehmen lassen und in ihren kuscheligen Stadtwohnungen nicht durch Wölfe in ihrer Existenz bedroht werden, können gut schwadronieren. Sie haben kein Recht, über den Abschuss derselben zu befinden.

Einzig und allein diejenigen, die unter den Wölfen ihre Lebensqualität stark beeinträchtigt sehen, die nicht mehr die Erträge ihrer harten Arbeit einfahren und dadurch in großer Sorge leben müssen, haben das Recht, über den Verbleib der Wölfe zu entscheiden!

Es kann nur eine Schlussfolgerung geben: Den Wolf schießen, wo man ihn antrifft.

Zurzeit wird erwogen, nur einzelne, sogenannte "Problem-Wölfe" (Gefährder!) abzuschießen, nämlich diejenigen, die sich – ungesicherten Beobachtungen nach – Herden und Menschen zu stark nähern und schon Schäden anrichteten.
Das, was einen Wolf zum "Problem-Wolf" macht, liegt aber voll und ganz in seiner Natur. Er folgt nur seinem Instinkt. So trottet er auf der Suche nach Nahrung eben schon durch Dörfer und waldnahe Städte mit einem großen Aktionsradius bis 70 km. Sobald ein Wolf etwas für ihn Interessantes entdeckt, was er aus unserer Sicht nicht haben darf, wird er zum "Problem" und zwar von einem Moment auf den anderen.

Erschreckend war die diesbezügliche Unwissenheit der Bundestagsabgeordneten, die am 02.02.2018 zu diesem Thema referierten.

"Gutgemeint, aber nicht wirklich hilfreich ist die Idee, die Wölfe in die deutschen Naturschutzgebiete zu verbannen. Bei ihrem Aktionsradius sind selbige territorial viel zu klein und die landwirtschaftlich genutzten bewohnten Gebiete viel zu nah, als dass diese Maßnahme den Ärger mit den Wölfen verhindern würde.

Aufgrund der Lebensweise und des Verhaltens der Wölfe brauchen diese große unbewohnte Gebiete, die Weiten Alaskas und Sibiriens, in denen ihre einzigen Feinde Extremkälte und Hunger sind, die sie dann veranlassen, sich in angrenzend bewohnte Gebiete vorzuwagen, wo sie wegen ihrer Schädlichkeit und Gefahr für Kinder, Haushunde, aber auch für den erwachsenen Menschen, <u>selbstverständlich</u> abgeschossen werden.

Trotz des Verfolgungsdrucks durch den Menschen waren Wölfe aufgrund ihrer Vermehrungsrate von durchschnittlich 4 bis 6 Welpen nie vom Aussterben bedroht, nur in ihrer Ausbreitung, wo es ging, eingeschränkt worden. Wenn Letzteres entfällt – wie durch den irrsinnigen Schutz jetzt – ist ihrer Zunahme und Ausbreitung keine Grenze gesetzt, wie es sich nun schon seit Jahren zeigt.

Zu allen Zeiten wurden Menschen von Wölfen gerissen, auch wenn diese nicht zu ihren gewöhnlichen Beute-Objekten gehören. Es kommt auf die Umstände und die Erfahrung, die der Wolf gesammelt hat, an.

Seine Feigheit, die einen gewissen Schutz bietet, nimmt mit dem Grad seiner Hungrigkeit rapide ab und mit seinen für ihn positiv gemachten Erfahrungen.

Im Mittelalter, als Witwen und Waisen vollkommen auf das Sammeln von Brennholz, Früchten und Pilzen angewiesen waren, also regelmäßig den Wald betraten, wurden sie auch regelmäßig Opfer, das heißt, in der Regel verschwanden sie spurlos – <u>wie Inga nahe Stendal am 02.05.2015.</u>

Dieser Fall ist vergleichbar mit einem vor ca. 3 Jahren publizierten Fall aus Rußland. An einem Berg, der nach unten zu einem Waldrand führte, rodelte täglich eine größere Anzahl von Kindern. Ein Wolf scheute einen Angriff auf die lautstarke Menge, beobachtete sie schon tagelang. Erst, als am nächsten Tag ein Kind <u>allein</u> runter rodelte, packte er das Kind und verschleppte es.

Das Behindertenheim, in dem Inga am 02.05.2015 mit ihren Eltern zu Besuch weilte, liegt an einem riesigen Waldareal. <u>Täglich spielen dort Kinder!</u> Längst hatte auch hier der Wolf die Kinder als Beute ins Auge gefasst und prüfte eine gute Gelegenheit zuzufassen. Die ergab sich, als sich Inga bei einbrechender Dunkelheit, der Jagdzeit des Wolfes, in den Wald wagte, um Brennholz zum Grillen herbeizuschaffen.

Ein anfangs vermuteter Sexualstraftäter wird sich dort nicht auf die Lauer gelegt haben, weil er ja nicht damit rechnen konnte, dass da plötzlich eine 5-Jährige abseits auftaucht.

Der sofortige Polizeieinsatz vertrieb den Räuber mit seiner Beute weit weg.

Der Bericht der Bundestagsabgeordneten Sylvia Breher am 02.02.2018 im Deutschen Bundestag über einen Waldkindergarten, der von einem Wolf umschlichen wird, ist in Anbetracht der beiden zuvor geschilderten Fälle hochbrisant. Auch dieser lauert dort auf ein gefahrloses Zugreifen.

Es gibt Beispiele, wo auch Erwachsene in Deutschland aus einem Wald im Wolfsgebiet unerklärlicherweise nicht zurückkehrten oder tot aufgefunden wurden.

Der Tod durch Wolfsriss ist ein so martialischer, dass nun wirklich niemand, die Gefahr, solches durchzumachen, in Kauf nehmen will. Auch, wenn diese nicht _extrem_ groß ist, soll man sich dabei von Laune, Prägung oder vom Grad der Hungrigkeit dieses Raubtieres abhängig machen, ob man Opfer wird oder nicht?

<u>Das ist unzumutbar! Die frühere Unbefangenheit, den Wald zu betreten, war ein hohes Gut!</u> Heidelbeeren, Pilze werden z. B. kaum noch geerntet. Das Hinducken ins Heidelbeerkraut, kann dem Wolf signalisieren: Da hat jemand Angst vor mir, was ihn ermutigt, anzugreifen.

Der schwere Eisenbahnunfall bei Fulda vor einigen Jahren, verursacht durch den unerklärlichen Zusammenprall einer fliehenden Schafherde, die in dem Eisenbahntunnel offenbar Schutz suchte, fiel zeitlich zusammen mit dem dortigen ersten merkbaren Auftreten (Rissen) von Wölfen.

Auch kürzlich brach unerklärbar eine Rinderherde aus ihrer Weide aus und landete u. a. auf Eisenbahnschienen.

Wer diese Ausführungen hier in Zweifel zieht, sollte das Standardwerk der Zoologie; "Brehms Tierleben", Bd. 2, Säugetiere Raubtiere, hundeartige Raubtiere, "Der Wolf", S. 188 - 206, Reclam Verlag, Leipzig, <u>1924</u> einsehen.

Hier einige Leseproben aus Selbigem:

Der Wolf (Canis lupus) "findet sich gegenwärtig noch in fast ganz Europa, wenn auch in den bevölkertsten Ländern dieses Erdteils nur in den Hochgebirgen" (S. 189).

Er "wird zwar allmählich mehr und mehr zurückgedrängt, doch ist der letzte Tag seines Auftretens im gesitteten Europa anscheinend noch fern. Im achtzehnten Jahrhundert fehlte das schädliche Raubtier keinem größeren Waldgebiete unseres Vaterlandes, und auch im neunzehnten Jahrhundert sind immerhin noch Tausende erlegt worden." (S. 189 f.)

"Im ganzen Südosten Österreichs, zumal Ungarns und den dazu gehörigen slawischen Ländern, muß man allwinterlich mehr oder minder großartige Jagden veranstalten und sonstige Vertilgungsmittel anwenden, um den Wölfen zu steuern, hat aber in waldigen, dünnbevölkerten Gegenden bis heutigentags noch wenig auszurichten vermocht." (S. 190)

"Nach Fritz Skowronnek sind Wölfe seit 1906 oder 07 in Litauen und Masuren wieder Standwild geworden, nachdem sie vorher völlig ausgerottet waren, und auch der Weltkrieg brachte im Gefolge der Russen vereinzelte Wölfe nach Deutschland." (S. 190)

Ortschaften "... meidet er überhaupt viel weniger, als man gewöhnlich annimmt, hütet sich nur, solange der Hunger es irgendwie gestattet, sich sehr bemerklich zu machen. [...] Er hält "... sich selten längere Zeit an einem und demselben Orte auf, schweift vielmehr weit umher, verlässt eine Gegend tage- und wochenlang und kehrt dann wieder nach dem früheren Aufenthaltsorte zurück. In dicht bevölkerten Gegenden zeigt er sich nur ausnahmsweise vor Einbruch der Dämmerung, in einsamen Wäldern dagegen wird er schon in den Nachmittagsstunden rege, schleicht und lungert umher und sieht, ob nichts für seinen ewig bellenden Magen abfalle." (S. 191)

"Die Beweglichkeit des Wolfes bedingt großen Aufwand von Kraft, raschen Stoffwechsel und unverhältnismäßig bedeutenden Nahrungsverbrauch; der gefährliche Räuber fügt daher allerorten, wo er auftritt, dem ihm erreichbaren Getier empfindliche Verluste zu. Sein Lieblingsmahl bilden Haus- und größere Jagdtiere aller Art. [...] Der Schaden, den er durch seine Jagd anrichtet, würde, obschon immer bedeutend, so doch vielleicht zu ertragen sein, ließe er sich von seinem ungestümen Jagdeifer und ungezügelten Blutdurst nicht hinreißen, mehr zu erwürgen, als er zu seiner Ernährung bedarf. Hierdurch erst wird er zur Geißel für den Hirten und Jagdbesitzer, zum ingrimmig gehaßten Feinde von jedermann. Während des Sommers schadet er weniger als im Winter. Der Wald bietet ihm neben dem Wilde noch mancherlei andere Speise." (S. 192)

"Unter dem Wilde räumt er entsetzlich auf, reißt und versprengt Elche, Hirsche, Damhirsche, Rehe und vernichtet fast alle Hasen seines Gebietes ..." (S. 192 f.)

"Ganz anders tritt der Wolf zur Herbstzeit und im Winter auf.
Jetzt umschleicht er ununterbrochen das draußen weidende
Vieh und schont weder große noch kleine Herdentiere, die wehr-
haften Pferde, Rinder und Schweine nur dann, wenn sie in ge-
schlossenen Herden zusammengehen und er sich noch nicht zu
Meuten geschart hat. Mit Beginn des Winters nähert er sich
mehr und mehr den Ortschaften, kommt bis an die letzten Häu-
ser von St. Petersburg, Moskau und anderen russischen Städ-
ten, dringt in die ungarischen und kroatischen Ortschaften ein,
durchläuft selbst Städte von der Größe Agrams und treibt in klei-
neren Flecken und Dörfern regelrecht Jagd, zumal auf Hunde,
die ihm ein sehr beliebtes Wild und im Winter die einzige, in der
Nähe der Dörfer leicht zu erlangende Beute sind." (S. 193)

"... schleicht sich ohne Bedenken in einen Stall ein, dessen Tür
der Besitzer nicht gehörig verschlossen hat, springt sogar durch
ein offen stehendes Fenster über eine ihm erreichbare Luke und
würgt, wenn er seinen Rückzug gedeckt sieht, alles vorhandene
Kleinvieh ohne Gnade, doch gehören Einbrüche des Räubers in
Viehställe immerhin zu den Seltenheiten, während alle Dorfbe-
wohner der von ihm heimgesuchten Gegenden allwinterlich einen guten Teil ihrer Hunde einbüßen, ebenso wie der Wolfsjä-
ger regelmäßig im Laufe des Sommers mehrere von seinen
treuen Jagdgenossen verliert.

Jagt der Wolf in Meuten, so greift er auch Pferde und Rinder an ...) (S. 193 f.)

"Daß eine von Hunger gepeinigte blindwütende Wolfsmeute auch einen Menschen überfällt, niederreißt, tötet und auffrißt, kann leider nicht in Abrede gestellt werden; ..." (S. 194)

Ein wehrloses Kind, ein Weib, das sich <u>zur Unzeit</u> vor das Dorf wagt, mag in der Regel gefährdet sein; ein Mann, und wenn er auch nur mit einem Knüppel bewaffnet wäre, ist es nur in seltenen, durch Zusammentreffen ungünstiger Umstände herbeigeführten Fällen. Einzelne Wölfe wagen sich schwerlich jemals an einen Erwachsenen, Trupps schon eher; vom Hunger gepeinigte Meuten können gefährlich werden." (S. 194 f.)

"Aus Vorstehendem geht zur Genüge hervor, wie schädlich der Wolf wird. Bei den Nomadenvölkern oder allen denen, die Viehzucht betreiben, ist es entschieden der schlimmste aller Feinde. In der russischen Provinz Livland wurden 1823 bei den Behörden als den Wölfen zur Beute gefallene Tiere angemeldet: 15 182 Schafe, 1 807 Rinder, 1 841 Pferde, 3 270 Lämmer und Ziegen, 4 190 Schweine, 703 Hunde und 1 873 Gänse und Hühner. Im Großherzogtum Posen wurden im Jahr 1820 neunzehn Erwachsene und Kinder zerrissen, und dort hatte die preußische Regierung in den vorhergehenden Jahren 4 618 Taler

Schußgeld[2] für erlegte Wölfe bezahlt. Ein einziger Wolf, der sich, laut Kobell, bevor er getötet wurde, neun Jahre in der Gegend von Schliersee und Tegernsee umhertrieb, hat nach amtlichen Erhebungen während dieser Zeit gegen tausend Schafe und viel Wildbret gerissen. Im Jagdwalde bei Temesvar, der eine Achtelmeile von der Festung entfernt liegt, rissen die Wölfe in einem Winter über 70 Rehe, in einem walachischen Grenzdorfe binnen zwei Monaten 31 Rinder und 3 Pferde, in der kroatischen Ortschaft Basma in einer Nacht 35 Schafe. Im Dorfe Suhai in Kroatien trieb, laut mir gewordenem Berichte, am 8. Dezember 1871 der Hirt eine Herde Schafe auf die Weide und wurde hier von etwa 60 Wölfen überfallen, die ihm 24 Schafe zerrissen und auffraßen; die übrigen zerstoben in alle Winde, und nur ein Lamm kehrte zurück. <u>Ähnliches geschieht allerorts, wo diese Raubtiere hausen."</u> (S. 195 f.)

In den südrussischen Steppen der Ukraine ist jede menschliche Wohnung "... eine wahre Festung gegen die Wölfe und mit vier bis fünf Meter hohen Dornenmauern umgeben. Diese Tiere umschleichen in der Nacht immerfort die Herden der russischen Steppen." (S. 197)

---

[2]   Nicht etwa Schutzgeld, wie jetzt in Deutschland.

"... sein Mut steht in gar keinem Verhältnis zu seiner Kraft. Solange er nicht Hunger fühlt, ist er eins der feigsten und furcht-
samsten Tiere, die es gibt." (S. 199)

"Seine elende Feigheit, seine List und die Schärfe seiner Sinne
zeigt sich bei seinen Überfällen. Er ist dabei überaus vorsichtig
und behutsam, um ja seine Freiheit und sein Leben nicht aufs
Spiel zu setzen. Niemals verlässt er seinen Hinterhalt, ohne vorher genau ausgespürt zu haben, daß er sich sicher sei." (S. 200)

"Anders benimmt sich der Wolf, wenn ihn der quälende Hunger
zur Jagd treibt. Dieser verändert das Betragen und läßt ihn Vor-
sicht und List ganz vergessen, stachelt aber auch seinen Mut
an. Der hungrige Wolf ist geradezu tollkühn und fürchtet sich vor
nichts mehr; es gibt für ihn kein Schreckmittel." (S. 202)

"Ungeachtet aller Abneigung, die zwischen Wolf und Hund besteht, paaren sich beide, und zwar ebensowohl in der Gefan-
genschaft wie im Freien ohne Zutun des Menschen."[3] (S. 203)

"Zur Vertilgung des Wolfes gelten alle Mittel, Pulver und Blei
ebensogut wie das tückisch gestellte Gift, die verräterische

---

[3] Diese sogen. "Blendlinge" sind verhaltensmäßig zwischen Hund und Wolf,
     also eine Gefahr. Sie treten im von Wölfen heimgesuchten Wirtschaftsge-
     bieten, wo Hunde leben, regelmäßig auf.

Schlinge und Falle, der Knüppel und jede andere Waffe. Die meisten Wölfe werden gegenwärtig wohl mit Strychnin getötet. Vorteilhaft sind auch die Fallgruben, etwa 3 Meter tiefe Löcher von ungefähr 2,5 Metern Durchmesser. Man überdeckt sie mit einem leichten Dache aus schmalen, biegsamen Zweigen, Moos und dergleichen und bindet in ihrer Mitte einen Köder an. Damit der Wolf nicht Zeit habe, vorher lange Untersuchungen zu machen, und ein des Weges kommender Mensch gesichert sei, wird die Grube mit einem hohen Zaune umgeben, über den jener, um zur Beute zu gelangen, mit einem Satze wegspringen muss.

In volkreichen Gegenden bietet man die Mannschaft zu großartigen Treibjagden auf. <u>Die Auffindung einer Wolfspur war und ist das Zeichen zum Aufbruch ganzer Gemeinden.</u> In ganz anderer Weise jagen die Bewohner der russischen Steppen. Ihnen erscheint das Gewehr geradezu als Nebensache. Der aufgestöberte Wolf wird von den berittenen Jägern so lange verfolgt, bis er nicht mehr laufen kann, und dann totgeschlagen." (S. 204 f.)

In der Zeitung "Die Zeit" vom 01.04.2015, Nr. 14, S. 13 (Dossier) schreibt Stefan Willeke unter dem Titel:

"Die Wölfe kommen

Sie seien scheu, hieß es. Jetzt tauchen sie beim Waldkindergarten auf, stromern durchs Wohngebiet und reißen Lämmer. Bald werfen sie Junge. Soll man die Raubtiere lieben oder fürchten?"

aus dem niedersächsischen Ort Goldenstedt, wo 2014/15 die ersten Wölfe begannen, Probleme zu machen.

So wurden im Dezember 2014 zwei tragende Schafe und ein Zuchtbock gerissen – ein schreckliches Gemetzel! Danach der Waldkindergarten umschlichen und ein Wolf trabte durch eine Siedlung. Anfang 2015 waren in der Region dann schon 70 Schafe gerissen worden.
Willeke schildert etliche heikle Begegnungen mit Wölfen.

Er beschreibt die "Wolfbetreuungsindustrie". Politiker verteilten Broschüren. In einer stand: "Nach Niedersachsen kommen nur gute Wölfe." Sie starteten die Werbekampagne: "Rotkäppchen lügt", ehrenamtliche Mitarbeiter wurden zu "Wolfsberatern" geschult (wie auch immer der Lehrstoff ausgesehen haben mag!). Man erarbeitete Pläne, Förderrichtlinien, bildete Arbeitskreise, "Runde Tische" und warb um "Wolfspaten".
Es galt den "Tag des Wolfes" und eine "Willkommenskultur" zu gestalten.

Der brillante Autor Willeke fragt sarkastisch: "Ist es nicht schön, dass sich Wölfe hier wohlfühlen? Ist es nicht schizophren, sich eine Bedrohung zu wünschen?"

Er besuchte einen Freund, der ihn im äußersten Westen Kanadas in der Stadt Nanaimo auf Vancouver Island empfing.

Dieser heißt Valerius Geist, ist Professor für Umweltwissenschaften an der Universität Calgary. Nach ca. 30 km Fahrt in einem Geländewagen erreichten sie sein Haus in einer kleinen Siedlung am Rande der Wildnis.

Anfangs war Valerius Geist Wölfen gegenüber nicht voreingenommen gewesen, fand sie interessant.

Das änderte sich, als sich nahe seinem Haus eine Anzahl ausgemergelter hungriger Wölfe einfanden, dramatisch. Sein Nachbar, ein Milchbauer, stellte fest, das einigen Kühen die Schwanzspitzen fehlten oder die Ohren eingerissen waren. Dann überfiel die Meute dessen Kuhherde und verfolgte ihn solange, bis er sich gerade noch in den Hof retten konnte; solche Begegnungen wiederholten sich danach laufend, auch gegen dessen Frau.

Besonders scharf waren sie auf seine drei Hunde. Mit diesen unterwegs zu sein, erhöhte die Aggressivität enorm. Das war der Zeitpunkt, als Valerius Geist an der Theorie "der Wolf fürchte sich vor Menschen" zweifelte.

Besonders, als er im November 2005 eine telefonische Nachricht erhielt, dass ein 22-jähriger Mann von Wölfen in Stücke gerissen worden war und ein 6-jähriger Junge, der draußen mit seinem Hund spielte, in den Rücken gebissen wurde und nur durch das – nach seinem Schrei – erfolgte rasche Handeln Erwachsener, die den Wolf erschossen, gerettet werden konnte, war ihm die Unvereinbarkeit, neben Wölfen zu leben, klar.

Geist klassifizierte die Aggressivität des Wolfes so:

Anfangs beobachtet er nur; passiert ihm nichts, wagt er sich dichter ran. Zuerst reißt er Nutztiere, eher nachts, später auch tagsüber. Danach folgen Tests, an Menschen ranzukommen, und er wird immer dreister.

<u>Der harmlose Wolf ist eine Legende!</u>

Wölfe haben sich nicht in Wirklichkeit verändert, <u>nur in der Vorstellung vieler Menschen.</u> Man macht ihn zum "Schmusekätzchen". Für das erlittene Unrecht der Ausrottung stehe ihm nun Wiedergutmachung zu, meinen diese.

In Indien werden seit langem Kinder von Wölfen getötet, 273 von 1980 bis 2002. Die dringen sogar in Hütten ein.

In New Mexico wurden vergitterte Verschläge an Bushaltestellen errichtet, um Wartende dort vor Wölfen zu schützen.

1957 wurde ein 5-jähriger Junge im Spanischen Galicien in der Nähe des Dorfes Vilar am helllichten Tag auf der Straße getötet.

In gleicher Gegend wurde ein 3-jähriges Kind und ein Säugling getötet und im März 2010 eine Joggerin in Chitnik Lake in Alaska.

In Russland bilden sich Meuten mit mehr als 100 Tieren, absolut gefährlich.

Wölfe sind wild und damit nicht berechenbar.
Es ist eine große Dummheit, sich über einen Wolf zu freuen, der ein Dorf umschleicht.

Geist glossifiziert die Rhetorik der deutschen Naturschützer. Er macht sich lustig über die Rhetorik des NaBu: Lange Zeit galt als unumstößliche Gewissheit: Ein Wolf tut dem Menschen nichts, dann: Ein Wolf ist in der Regel harmlos, wenn er gesund ist. Dann: Ein gesunder Wolf ist in der Regel harmlos, wenn er nicht hungrig ist. Dann: Der gesunde und nicht hungrige Wolf, der sich von Siedlungen fernhält, ist harmlos. Dann: Wenn ein

Wolf sich auffällig verhält, obwohl er gesund und nicht hungrig ist, darf er vertrieben werden.

Woher soll man überhaupt wissen, ob der Wolf hungrig oder satt ist?

Am 28.03.2015 fand in einem Landgasthof in der Nähe von Rheine im Münsterland ein Wolfssymposium statt. Stargast dort war Valerius Geist. <u>"Ihr in Deutschland werdet Euch über die Wölfe noch wundern"</u>, prophezeite er. Die Vorträge waren begleitet von Schreckensbildern von Wolfsopfern.

Während der Zeit der weitestgehenden Ausrottung der Wölfe in Europa kam es seit 1950 nur 59 Mal zu Angriffen. Dabei wurden 9 Menschen getötet.[4]

Wer nach dieser Lektüre noch immer Wölfe im landwirtschaftlich genutzten Raum dulden und schützen möchte, muss es sich gefallen lassen, für irre gehalten zu werden oder dass er eben <u>absichtlich</u> Schaden haben will.

Experten zweifelten 2002 von Anfang an, dass sich Wölfe von allein in der Lausitz ansiedelten. Das wäre ein sehr dummer

---

[4] Nicht bestritten werden kann, dass im letzten Jahrzehnt, Menschen nach Waldspaziergängen nicht zurückkehrten, mit ungeklärter Todesursache gefunden wurden.

Wolf, der durch ganz Polen wandert, also durch ein Wolfsparadies, um sich dann ausgerechnet in der Lausitz niederzulassen.

Man muss die Wolfsgene abgleichen, um zu erfahren, aus welchem Gebiet der Wolf bei uns einwanderte resp. verbracht wurde. Etliche hiesige Wölfe haben so große Ohren, dass man auch auf Blendlinge schließen kann. In Sibirien würden diese Ohren abfrieren.

Blendlinge können gefährlicher als Wölfe sein.

Ein Film "Siegeszug der Wölfe" vor ein paar Jahren vom NDR gesendet, gibt Hinweise, wie es auch gewesen sein kann:

Da gibt es einen "Wladimir" im ehemals russisch besetzten Lettland, der es sich zur Aufgabe gemacht hat, verwaiste Wolfswelpen, deren es dort viele gibt, weil Wölfe dort geschossen werden, großzuziehen und danach wieder auszuwildern.

Ein russischer Professor, Forstwissenschaftler, wusste 2004 auf einer Tagung in Rietschen zu berichten, dass er Kenntnis davon hat, dass dieser "Wladimir" auch Welpen nach Westeuropa verbracht hat. Sie erhalten ein Zertifikat "Gesunde Schäferhundwelpen" für den Grenzübertritt.

Gesa Kluth, die sächsische "Wolfsbeauftragte", die von dem Wolf unglaublich profitiert hat, ist mit obengenanntem Wladimir befreundet. Sie hielt sich monatelang bei ihm auf, was auch in dem Film gezeigt wird.

Ein ebenfalls sehr freundschaftliches Verhältnis hatte sie zu dem Beamten im sächsischen Umweltministerium, der ihr den lukrativen Posten als "Wolfsbeauftragte" verschaffte.

Sie, als Diplom-Biologin, die über den Wolf zu promovieren vorhatte, kann sich nicht damit herausreden, dass sie die heutigen chaotischen Folgen der Wolfsansiedlung nicht voraussehen konnte.

Sie sollte wegen Amtsmissbrauchs, bewusster Täuschung der Öffentlichkeit über die katastrophalen Folgen einer Ausbreitung der Wölfe im Kultur- und Wirtschaftsraum des Menschen, also wegen Betrugs, zur Rechenschaft gezogen werden.

2004 berichtete "Bild" über folgende Kosten, die seit 2000 für die Wölfe angefallen sind.

Bis zum Jahr 2004 umfassten die Ausgaben nur für das Wolfsmanagement in Sachsen 951.021,40 Euro. Dieser Betrag enthält weder die Schadenersatzleistungen noch die Fördermittel für den Herdenschutz.

Von dem Betrag wurden bezahlt:

"Das Wolfs-Büro Lupus"	390.000,00 Euro
"Kontaktbüro Wolfsregion Lausitz"	200.000,00 Euro
"Leitfaden Leben mit Wölfen"	161.000,00 Euro

"Ausbreitungsstudie"   110.000,00 Euro

"Zeitungswerbung"   90.021,40 Euro

Da inzwischen schon deutschlandweit Wolfsbetreuung stattfindet und sich seitdem alles verteuert hat, kostet der Wolf jährlich hunderttausende Euro. Schadenersatzkosten und Fördermittel, z. B. für Elektrozaunbau, sind darin nicht enthalten.

Es gelang nicht, die Europäische Artenschutzrichtlinie, auf diese sich Wolfsschützer immer wieder berufen, einzusehen.

Es wird höchste Zeit, diese durch wahre Wolfsexperten interpretieren resp. korrigieren zu lassen.

Der Nachweis des Aussetzens der Wölfe würde jedenfalls die sofortige rechtliche Handhabe zum Abschuss bieten.

Bemerkenswert, dass in benachbarten Ländern, z. B. in Polen, Tschechien, Ungarn, wo weitaus mehr Wölfe vorkommen müssten, nicht von solch häufigen katastrophalen Überfällen auf Weidetiere wie in Deutschland zu berichten ist, was nur _eine_ Schlussfolgerung zulässt, nämlich, dass man dort das tut, wie es jahrhundertelang praktiziert wurde, Wölfe konsequent zu erlegen. Dort drohen den Jägern keine martialischen Strafen wie hier: fünf Jahre Gefängnis, hohe Geldbußen, Jagdverbot.

In Deutschland sind die Wölfe wie eine Metapher zu dem hoch-
prozentigen Teil der kriminellen Migranten, die marodierend, der
Bevölkerung riesige Verluste und Leid zufügend, durch das
Land ziehen, ohne dass sie in ihrem Tun gestoppt werden.

Die gigantischen Ausgaben und Folgen der Fehleinschätzung,
Wölfe im bewohnten landwirtschaftlich genutzten Raum dulden
und schützen zu wollen, weitet sich inzwischen zu einem der
größten Skandale unseres Landes aus.

Allerdings bieten die Wölfe einen Vorteil: Man kann sie sofort
außer Landes schaffen!